Abdullah Almobarraz

Comportamento e estratégias de procura de informação em linha das crianças

Abdullah Almobarraz

Comportamento e estratégias de procura de informação em linha das crianças

ScienciaScripts

Imprint

Any brand names and product names mentioned in this book are subject to trademark, brand or patent protection and are trademarks or registered trademarks of their respective holders. The use of brand names, product names, common names, trade names, product descriptions etc. even without a particular marking in this work is in no way to be construed to mean that such names may be regarded as unrestricted in respect of trademark and brand protection legislation and could thus be used by anyone.

Cover image: www.ingimage.com

This book is a translation from the original published under ISBN 978-620-2-31274-5.

Publisher:
Sciencia Scripts
is a trademark of
Dodo Books Indian Ocean Ltd. and OmniScriptum S.R.L publishing group

120 High Road, East Finchley, London, N2 9ED, United Kingdom
Str. Armeneasca 28/1, office 1, Chisinau MD-2012, Republic of Moldova, Europe
Printed at: see last page
ISBN: 978-620-7-84754-9

ÍNDICE

Capítulo 1   5

Capítulo 2   13

Capítulo 3   27

Capítulo 4   34

Em nome de Deus, o Clemente, o Misericordioso

INTRODUÇÃO

O mundo assiste hoje, mais do que nunca, a um desenvolvimento notável no domínio da informação e das técnicas utilizadas para as abordar, a fim de facilitar o acesso à informação e tirar partido dela. Este desenvolvimento foi, em todas as circunstâncias e períodos de tempo, acompanhado pelo movimento da documentação, incluindo a aquisição, o registo, o processamento, a organização, o armazenamento e a classificação da informação de acordo com um sistema que permite aos utilizadores pesquisar e recuperar tópicos relacionados. Com o advento das novas tecnologias da informação e o aumento das fontes de informação digital, o atual ambiente de conhecimento assenta em redes de informação, bases de dados de conhecimento e tecnologias de comunicação. Representa também um desenvolvimento notável da publicação eletrónica e dos sistemas de recuperação de informação. É imperativo que os utilizadores satisfaçam as suas necessidades através da utilização de fontes de informação digitais para reduzir os esforços e acelerar o tempo de acesso à informação. Assim, o comportamento de procura dos utilizadores mudou da fase de aquisição de informação para a fase de utilização da informação.

O comportamento de procura de informação é o comportamento de um utilizador durante o processo de aquisição de informação; descreve a forma como as pessoas procuram informação. Há décadas que os sociólogos têm vindo a estudar o comportamento de procura de informação das crianças. A investigação sobre o comportamento de procura de informação das crianças começou nos anos noventa, com o aparecimento de salas de aula com equipamento informático. No início, os investigadores observavam as crianças a realizar diferentes tarefas utilizando os computadores da escola em grupos. Com a crescente disponibilidade de computadores, as crianças começaram a utilizar os computadores individualmente. Mas o facto é que os estudos de utilização com crianças foram feitos principalmente sob a forma de experiências de laboratório no contexto escolar. Assim, os resultados destes estudos podem ser enviesados devido à situação experimental (por exemplo, a presença do experimentador). A investigação no domínio do comportamento de procura de informação das crianças incide sobre crianças de grupos etários diferentes ou mistos. Esta falta de homogeneidade leva ao problema de os resultados não poderem ser aplicados com exatidão a um nível etário específico ou a uma fase de desenvolvimento específica. Ao fornecerem apenas informações sobre o ano de escolaridade ou a idade das crianças estudadas, os investigadores não prestaram atenção suficiente ao nível dos seus conhecimentos informáticos ou de competência na Internet. Atualmente, as crianças adquirem experiência e competências informáticas a partir de uma idade cada vez mais precoce. Por outras palavras, os resultados obtidos para uma criança de dez anos há uma década atrás não podem muito provavelmente ser transferidos para uma criança de dez anos hoje. Outro problema são os sistemas de recuperação de informação utilizados nestes estudos. Nos estudos "antigos", as crianças foram observadas a utilizar sistemas de recuperação de informação concebidos para adultos, ao passo que, atualmente, estão a ser feitas as primeiras tentativas no sentido de ambientes de serviços de pesquisa amigos das crianças. Além disso, os estudos foram efectuados principalmente com interfaces baseadas em palavras-chave (catálogos de bibliotecas e motores de pesquisa na Web). Alguns resultados não podem ser generalizados e são artefactos da configuração do teste, ou seja, podem depender de características de uma interface específica. Devido às razões acima mencionadas, os resultados de estudos recentes podem ser diferentes dos estudos efectuados há algumas décadas. Os resultados dos "antigos" estudos de utilizadores que fornecem informações sobre as competências cognitivas e informáticas das crianças são parcialmente aplicáveis, tendo em conta os novos desenvolvimentos em termos de software e hardware.

CAPÍTULO 1

CONCEITOS EM TORNO DO COMPORTAMENTO DA INFORMAÇÃO

Literacia da informação

Hoje em dia, um aluno deve estar bem familiarizado com o mundo digital para garantir um futuro de sucesso, o que implica que os professores devem estar familiarizados e conscientes do conceito de literacia digital. É difícil definir a literacia digital devido à multiplicidade de iliteracias criadas pelas novas tecnologias, como a literacia da informação, a literacia informática, a literacia da Internet e outras novas formas que estão a surgir em resultado das mudanças tecnológicas e culturais. Isto fez com que o conceito de literacia digital se tornasse, em certa medida, um termo abrangente ou um conceito elástico. O conceito de literacia digital foi introduzido em 1997 por Gilster no seu livro intitulado "Digital Literacy" (Gilster, 1997). A definição de literacia digital de Gilster caracteriza-se por uma capacidade que envolve muitos conceitos. Define-a como "a capacidade de compreender e utilizar a informação em múltiplas formas, a partir de uma vasta gama de fontes disponibilizadas através de computadores".

Observou também que a literacia sempre foi mais do que a simples leitura, sendo que os aspectos culturais desempenham um papel vital em todas as formas de literacia. Embora a referência restrita fosse "computadores", parece que esta definição continua a ser valiosa, uma vez que vai para além das competências técnicas, abordando os aspectos culturais da compreensão da literacia digital. Embora não exista em parte alguma do livro uma lista especificada de aptidões, competências, etc., associadas à ideia geral de literacia digital, é possível deduzir uma lista do texto (Bawden, 2001). Em resumo, esta inclui

- "Reunir conhecimentos", construir um "acervo de informações fiáveis" a partir de diversas fontes.
- Competências de recuperação, mais "pensamento crítico" para fazer juízos informados sobre a informação recuperada, com cautela sobre a validade e exaustividade das fontes da Internet
- Ler e compreender material não sequencial e dinâmico
- Consciência do valor das ferramentas tradicionais em conjugação com os meios de

5

comunicação em rede
- Consciencialização das "redes de pessoas" como fontes de aconselhamento e ajuda
- Utilizar filtros e agentes para gerir a informação recebida

- Estar à vontade para publicar e comunicar informações, bem como para aceder às mesmas.

Os governos de todo o mundo procuram desempenhar um papel muito importante no aumento do nível cultural e cognitivo das sociedades. O facto de os indivíduos possuírem os elementos bem sucedidos de cultura, educação e informação contribui positivamente para a existência de um cidadão ativo e positivo que apoia o renascimento da sociedade. O Fórum Nacional dos Estados Unidos sobre a Literacia da Informação (2011) define a literacia da informação como "a capacidade de saber quando existe uma necessidade de informação, de ser capaz de identificar, localizar, avaliar e utilizar eficazmente essa informação para a questão ou problema em causa. A literacia da informação é um fator essencial para criar gerações capazes de possuir uma ferramenta de auto-aprendizagem, bem como para apoiar o conceito de aprendizagem ao longo da vida. As universidades, as bibliotecas e os centros de informação são diferentes tipos de instituições que podem contribuir para a transformação em direção à sociedade da informação.

As sociedades da informação e do conhecimento reconhecem dois momentos num processo intelectual e social, um como consequência do outro - ter acesso à informação não é suficiente se não a lermos, se não reflectirmos sobre o seu conteúdo e se não aplicarmos a sua mensagem. A educação atual, portanto, favorece a posse e o uso do conhecimento, fomenta a reflexão e, sobretudo, desenvolve atitudes e capacidades que permitem a sua aplicação e inovação. Além disso, a utilização de conhecimentos adequados e actualizados é procurada em função do projeto ou da questão a resolver no âmbito familiar, institucional, nacional ou local, tal como exigido por um programa de desenvolvimento social e económico. Mais do que nunca, uma sociedade da informação deve encorajar e promover o acesso à informação e, em seguida, desenvolver o conhecimento e fomentar a comunicação, a discussão, a aceitação ou o desacordo num ambiente democrático, livre e igualitário, onde as diferenças, a diversidade e a popularidade sejam reconhecidas e aceites. O acesso à informação deve ser estabelecido através de múltiplas abordagens e métodos, desde o ambiente atual de uma sociedade tecnologicamente sobre-exposta a contextos mais primários que vão do papel impresso aos modos de informação oral e audiovisual. Os cenários duais são comuns nos países da América Latina, onde existem diferentes núcleos demográficos com níveis de desenvolvimento desiguais e o acesso às tecnologias da informação e da comunicação não está generalizado. Por conseguinte, apenas alguns podem ter acesso ao conhecimento através da transmissão oral, outros ao texto impresso e ainda menos à plena utilização das tecnologias da informação e da comunicação (Campbell, 2008).

Necessidades de informação:

As necessidades de informação são frequentemente pensadas em termos das necessidades cognitivas de uma pessoa - lacunas ou anomalias no estado de conhecimento ou compreensão que podem ser representadas por perguntas ou tópicos. Estas questões podem ser colocadas a um sistema ou fonte de informação. A satisfação da necessidade cognitiva envolve então a recuperação de informação cujo objeto corresponde ao da consulta. Além disso, a informação tem de satisfazer não só as necessidades cognitivas, mas também as necessidades afectivas e os requisitos situacionais (Wilson 1994).

Desde a Segunda Guerra Mundial, um grande número de estudos sobre as necessidades e utilizações da informação tem tentado compreender a forma como diferentes grupos de pessoas sentem as necessidades de informação e como essas necessidades podem ser satisfeitas. As necessidades e utilizações de informação de cientistas, engenheiros, médicos e académicos, bem como as dos cidadãos, funcionários públicos, gestores e profissionais, têm sido objeto de investigação. Nos últimos anos, Dervin (1983a,b, 1992) tem estado ativo na aplicação e promoção de uma metáfora de sensemaking para descrever o modo como os seres humanos percebem as necessidades de informação como lacunas cognitivas. Na abordagem sensemaking, as pessoas deslocam-se no espaço e no tempo, dando passos através das experiências. Desde que os indivíduos consigam dar sentido às suas experiências, é possível seguir em frente. De vez em quando, o movimento é bloqueado pela perceção de uma lacuna cognitiva - uma situação em que as pessoas são incapazes de dar sentido às suas experiências. Para colmatar esta lacuna, os indivíduos procuram informação que lhes dê um novo sentido e utilizam essa informação para os ajudar a continuar a sua viagem. Nas últimas duas décadas, Dervin e os seus colaboradores realizaram mais de 40 estudos baseados na abordagem do sensemaking. A sua investigação sugere que a forma como as pessoas percepcionam as suas lacunas cognitivas e a forma como pretendem que a informação as ajude são bons indicadores dos seus comportamentos de procura de informação.

Allen (1996) sugere que as necessidades de informação ocorrem sempre que o conhecimento de um indivíduo falha. Allen analisa as necessidades de informação como lacunas de conhecimento que se verificam quando a situação de vida de um indivíduo interage com os seus conhecimentos ou estruturas cognitivas e revela uma deficiência na compreensão. O autor identifica três categorias de necessidades de informação com base nas lacunas de conhecimento:

1. necessidades de informação que resultam de uma falha de perceção (ou seja, o indivíduo é incapaz de perceber a situação).
2. necessidades de informação associadas à exploração de uma área temática, de modo a identificar linhas de ação alternativas.

3. necessidades de informação decorrentes da escolha entre cursos de ação alternativos (o que implica a avaliação de alternativas e dos seus resultados).

Procura de informação

A satisfação das necessidades de informação nem sempre conduz à procura de informação. As pessoas podem confiar na sua própria memória ou intuição para satisfazer a necessidade de informação. As pessoas também podem suprimir as suas necessidades de informação ou evitar uma situação problemática, de modo a que não seja necessário procurar informação: "As pessoas podem, e frequentemente fazem-no, evitar a informação. Interagem com o seu ambiente limitando a sua ingestão de informação, ignorando a informação se esta estiver associada a resultados negativos e utilizando atalhos de informação." (Allen 1996, p. 109) Quando a procura de informação ocorre, é intencional e orientada para um objetivo, e assemelha-se a um processo de resolução de problemas ou de tomada de decisões. O indivíduo identifica possíveis fontes, diferencia e escolhe algumas fontes, localiza-as ou entra em contacto com elas e interage com as fontes de modo a obter a informação desejada. No ambiente de informação munificente de hoje, uma questão importante é como é que o indivíduo selecciona entre fontes e entre informação de diferentes fontes? Numa economia em que a atenção humana é um recurso escasso, como é que um indivíduo afecta tempo e energia na procura de informação? A investigação sugere que, ao decidir entre fontes, um indivíduo pondera a quantidade de esforço necessário para utilizar uma fonte em relação à utilidade prevista da informação dessa fonte. Ao mesmo tempo, esta avaliação do custo e do benefício é modulada pelo interesse e motivação pessoais do indivíduo e pela complexidade da tarefa ou do problema em causa.

Normalmente, o grau de motivação pessoal e de interesse do indivíduo pelo problema ou tópico determinaria a quantidade de energia que ele ou ela investe na procura de informação. Kuhlthau (1993) sugere que, à medida que a pesquisa de informação progride, os sentimentos iniciais de incerteza e ansiedade diminuem à medida que a confiança aumenta. Se for desenvolvido um tema claro para centrar a pesquisa, o indivíduo pode ficar mais motivado e, se a pesquisa correr bem, há um sentimento crescente de satisfação e realização. Kuhlthau postula que a pesquisa de informação é composta por seis fases - iniciação, seleção, exploração, formulação, recolha e apresentação - cada uma das quais é caracterizada por respostas emocionais. Durante a iniciação, o utilizador começa por reconhecer a necessidade de obter mais informações, sendo comuns os sentimentos de incerteza e apreensão. Durante a seleção, o utilizador identifica a área ou tópico geral a ser investigado. Os sentimentos de incerteza são substituídos por otimismo e disponibilidade para pesquisar. Os pensamentos centram-se na escolha de uma estratégia de pesquisa que melhor satisfaça os critérios de interesse pessoal, informação disponível e tempo disponível. Durante a exploração, o utilizador aumenta a sua compreensão pessoal da área geral. Os sentimentos de confusão e de dúvida podem aumentar. A quarta fase da formulação é o ponto de viragem do processo em que o utilizador estabelece um foco ou tema sobre o problema que pode orientar a pesquisa. Os sentimentos de incerteza diminuem à medida que a confiança aumenta. Durante a recolha, o utilizador interage com os sistemas e serviços de informação para recolher informações. A confiança aumenta e o interesse pelo projeto aprofunda-se. Com um sentido de orientação claro, o utilizador é capaz de especificar e procurar informações específicas e relevantes. Na fase final de apresentação, o utilizador completa a pesquisa e resolve o problema. Há uma sensação de alívio, acompanhada de satisfação, se a pesquisa tiver corrido bem, ou de deceção, caso contrário.

Kuhlthau (1993) retira seis conjuntos de implicações. Em primeiro lugar, a pesquisa de informação é um processo de construção da compreensão e do significado. Ao fazê-lo, o utilizador passa da incerteza e da indefinição para a confiança e a clareza à medida que a pesquisa progride. Em segundo lugar, a formulação de um foco, de uma ideia orientadora ou de um ponto de vista é o ponto fulcral do processo de pesquisa. Infelizmente, muitos utilizadores ignoram completamente a atividade de formulação, começando a recolher informação sem primeiro formarem um foco suficientemente claro. Em terceiro lugar, a informação encontrada pode ser redundante ou única. A informação redundante enquadra-se naquilo que o utilizador já sabe ou acredita e é facilmente reconhecida como relevante ou não. A informação única é nova e amplia o conhecimento, mas pode não corresponder às construções do utilizador, exigindo uma reconstrução. Demasiada informação redundante leva ao tédio, enquanto demasiada informação única causa ansiedade. Em quarto lugar, o leque de possibilidades que se procura numa pesquisa é influenciado pelo estado de espírito ou pela atitude do utilizador em relação à tarefa de pesquisa. Um utilizador com um estado de espírito convidativo tende a realizar acções mais expansivas e exploratórias, enquanto um utilizador com um estado de espírito indicativo prefere acções conclusivas que conduzam ao encerramento (Kelly 1963). O estado de espírito de um utilizador muda durante o processo de pesquisa, passando talvez de um estado de espírito exploratório e convidativo nas fases iniciais para um estado de espírito mais indicativo à medida que a pesquisa avança. Em quinto lugar, o processo de pesquisa é uma série de escolhas únicas e pessoais baseadas nas previsões ou expectativas do utilizador sobre quais as fontes, informações e estratégias que seriam eficazes ou convenientes. Por último, os níveis de interesse e motivação do utilizador aumentam à medida que a pesquisa progride. O interesse é maior nas fases posteriores, quando o utilizador já definiu um foco de pesquisa e tem conhecimentos suficientes sobre o tema para se empenhar intelectualmente. O interesse pode também ser reforçado pela introdução da noção de diversão e jogo, mas a maioria dos sistemas de informação ignora esta necessidade.

Utilização da informação:

Talvez por ser uma parte tão automática da experiência quotidiana, a utilização da informação como conceito tem sido difícil de definir satisfatoriamente. De certa forma, a necessidade de informação e a utilização de informação são duas faces da mesma moeda, uma vez que a indicação mais verdadeira de que a informação é necessária é quando é utilizada. A procura intencional de informação centra-se nas percepções e comportamentos que levam à procura de informação, incluindo a identificação, seleção e utilização de fontes de informação. A utilização da informação ocorre quando o destinatário processa a informação através de esquemas mentais e respostas emocionais num contexto social e cultural mais vasto. O resultado da utilização da informação é uma mudança no estado de conhecimento do indivíduo (aumentar a consciencialização, compreender uma situação), ou na sua capacidade de agir (resolver um problema, tomar uma decisão, negociar uma posição).

Taylor (1991) observa que as formas como as pessoas utilizam a informação podem ser descritas por apenas oito categorias. As categorias não são mutuamente exclusivas, pelo que a informação utilizada numa categoria pode também responder às necessidades de outras categorias.

1. Esclarecimento. A informação é utilizada para desenvolver um contexto ou para dar sentido a uma situação. A informação é utilizada para responder a perguntas como: "Existem situações semelhantes? Quais são elas? Qual é a história e a experiência da empresa X no fabrico do produto Y e qual é a sua relevância para a nossa intenção de fabricar Y?"

2. Compreensão do problema. A informação é utilizada de uma forma mais específica do que o esclarecimento - é utilizada para desenvolver uma melhor compreensão de um determinado problema.

3. Instrumental. A informação é utilizada para que o indivíduo saiba o que fazer e como fazer algo. As instruções são uma forma comum de informação instrumental. Em algumas condições, a utilização de informação instrumental requer a utilização de informação noutras classes.

4. Factual. A informação é utilizada para determinar os factos de um fenómeno ou acontecimento, para descrever a realidade. A utilização de informação factual é suscetível de depender da qualidade real e percebida (exatidão, fiabilidade) da informação disponível. 16 Trabalho na Web

5. Conformacional. A informação é utilizada para verificar outra informação. A utilização de informação conformacional envolve frequentemente a procura de uma segunda opinião. Se a nova opinião não confirmar a informação existente, o utilizador pode tentar reinterpretar a informação ou escolher entre fontes de confiança.

6. Projectiva. A informação é utilizada para prever o que é provável que aconteça no futuro. A utilização de informação projectiva está normalmente relacionada com previsões, estimativas e probabilidades.

7. Motivacional. A informação é utilizada para iniciar ou manter o envolvimento pessoal, a fim de continuar a avançar num determinado curso de ação.

8. Pessoal ou política. A informação é utilizada para desenvolver relações;

melhorar o estatuto, a reputação e a realização pessoal. Dervin (1983b, p. 62) associa esta utilização da informação a frases como "Consegui o controlo", "Saí de uma situação má" e "Liguei-me aos outros".

CAPÍTULO 2

ESTRATÉGIAS DE PROCURA DE INFORMAÇÃO DAS CRIANÇAS

Compreender e analisar o comportamento de procura de informação é uma área de investigação importante em vários domínios. A investigação em comunicação, educação, ciência da informação e outras áreas tem explorado o comportamento de procura de informação de diferentes grupos de utilizadores. Embora a maioria dos sistemas de recuperação de informação tenha sido concebida para utilizadores adultos, com pouca consideração pelos jovens que procuram informação, espera-se que as crianças utilizem os mesmos motores de pesquisa que os adultos para procurar informação na Internet; no entanto, as suas necessidades de informação, abordagens de pesquisa, capacidades cognitivas, competências e níveis de desenvolvimento diferem dos dos adultos.

As crianças estão a utilizar cada vez mais os recursos em linha para satisfazer necessidades de informação que vão desde os trabalhos escolares aos interesses pessoais. Os estudos sobre a utilização de recursos em linha pelas crianças devem medir o sucesso das crianças na procura de informação, identificar os problemas com que se deparam e descrever o comportamento de pesquisa que exibem.

Cada vez mais os investigadores estão a dedicar mais atenção à descoberta da origem das necessidades de informação das crianças e ao modo como se comportam para solicitar e obter informação para as suas necessidades. As crianças abrangidas pelos estudos sobre o comportamento informacional incluem alunos do ensino básico ao secundário e alunos entre os 5 e os 18 anos de idade. Como parte da compreensão do comportamento informacional dos estudantes, é importante perceber as variáveis e características que influenciam os grupos de utilizadores. Muitas características e variáveis influenciam normalmente a capacidade de uma criança para pensar, procurar informação e resolver problemas. As crianças em idade escolar possuem uma variedade de pontos fortes e níveis de realização. As realizações dos alunos estão relacionadas com uma variedade de características dos alunos e baseiam-se no seu modo de estratégia de pesquisa (Braswell et al., 2001).

Impacto das variáveis e características na procura de informação

Os sistemas de acesso à informação são influenciados por muitas variáveis e características, uma vez que não são consistentes. Pelo contrário, existem alguns factores significativos que afectam os comportamentos das crianças quando procuram informação, incluindo a etnia, o género e o estatuto económico dos pais.

Etnia/Raça

As diferenças entre os resultados escolares das diversas etnias são conhecidas como o fosso entre os resultados escolares. Este fosso desempenha um papel fundamental no comportamento e na aprendizagem dos alunos. Johnston e Viadero (2002) afirmam que a raça das crianças prediz o seu sucesso escolar, as suas decisões sobre ir para a universidade e as formas que escolhem para ganhar dinheiro em adultos. A razão para estas diferenças está relacionada com a falta de capacidade dos alunos para compreenderem as suas necessidades de informação e para procurarem informação, quer para a realização de trabalhos quer para outras actividades. Outro estudo relativo à etnia revela que uma análise dos resultados dos testes, das notas e das taxas de conclusão dos estudos documenta a existência de lacunas significativas nos resultados entre os alunos brancos e os alunos de cor (National Task Force on Minority High Achievement, 1999). Além disso, um grande número de crianças do país sai da escola, com ou sem diploma do ensino secundário, mal sabendo ler, escrever e fazer contas simples, mas os fracassos das escolas não estão distribuídos uniformemente. Pelo contrário, recaem desproporcionadamente sobre os alunos de cor. Mesmo quando o rendimento e a riqueza dos pais são comparáveis, os afro-americanos, os nativos americanos, os latinos e os imigrantes cuja primeira língua não é o inglês ficam atrás dos outros alunos (Berlak, 2001).

Além disso, os cientistas sociais há muito que observaram que os alunos asiático-americanos têm, em média, um melhor desempenho do que os seus colegas brancos, que, por sua vez, têm um melhor desempenho do que os negros e os latinos. Estas diferenças étnicas são especialmente relevantes para as crenças dos alunos sobre as consequências do insucesso escolar. Por exemplo, os alunos asiáticos têm muito mais probabilidades do que os outros de acreditar que o facto de não terem um bom desempenho escolar terá consequências negativas (EdSource, 1999).

Género

Os rapazes e as raparigas não aprendem da mesma forma ou ao mesmo ritmo. As suas mentes funcionam de forma diferente, o que afecta o seu comportamento e estilo de aprendizagem. Por exemplo, os rapazes tendem a começar a pensar com um princípio geral e a aplicá-lo ao assunto em questão, ao passo que as raparigas tendem a começar com exemplos concretos e a partir daí a expandir-se para abordar o assunto em questão. Outro exemplo é o facto de as raparigas tenderem a falar enquanto aprendem um novo conceito ou durante uma conversa de leitura em casa, enquanto os rapazes trabalham em silêncio (Gurian, 2003).

O género também afecta a capacidade das crianças para aumentar os conhecimentos e aprender novos conceitos. Num estudo importante, Hultgren e Limberg (2003) afirmam que a capacidade dos rapazes A capacidade de ler parece desenvolver-se a um ritmo mais lento do que a das raparigas; os rapazes acabam por recuperar o atraso durante a adolescência. Consequentemente, Hultgren e Limberg sugerem que o comportamento informativo dos rapazes e das raparigas pode ser melhorado através da utilização de truques baseados no cérebro para crianças em idade elementar, como dar-lhes 60 segundos para satisfazerem um pedido.

A diferença entre a capacidade de leitura dos rapazes e das raparigas foi também abordada num estudo realizado com estudantes do Reino Unido (Reynolds et al., 1996). O estudo revelou que 44% dos rapazes, aos 16 anos, tinham dificuldades em folhear textos, em comparação com 28% das raparigas, e que os rapazes não tinham desenvolvido estratégias eficazes de leitura de textos informativos. Dos 8000 participantes, 16% preferiam não ler textos informativos de todo.

Educação dos pais

O nível de educação dos pais desempenha geralmente um papel importante e tem um efeito direto no comportamento informativo e nas realizações das crianças. A investigação revela que os pais mais instruídos podem passar mais tempo a explicar aos filhos as causas dos fenómenos sociais do que os pais menos instruídos (Pears & Moses, 2003). Outra razão é o facto de os pais instruídos tenderem a prestar mais atenção à aprendizagem dos filhos, não só em casa, mas também na escola. Steinberg (1999) afirma que o tipo de envolvimento parental que faz a maior diferença no desempenho dos alunos no ensino secundário são as actividades que atraem fisicamente os pais para as escolas, tais como assistir aos programas escolares, ver os filhos em actividades extracurriculares e comparecer às conferências dos professores.

Outro impacto na aprendizagem das crianças é o estatuto da família. Por exemplo, ter dois pais em casa significa que os pais podem ter mais tempo para passar com os seus filhos e oportunidades para falar sobre os seus sentimentos e outros assuntos relevantes para o comportamento da criança (Pears & Moses, 2003). O ensino assertivo dos pais (incluindo castigos físicos, gritos e ordens directas) está negativamente associado a resultados cognitivos, como o desempenho académico, a linguagem e o comportamento de resolução de problemas. Estas técnicas podem ter consequências nefastas para o desenvolvimento cognitivo das crianças, porque não permitir que as crianças aprendam a resolver problemas por si próprias pode ter efeitos negativos no seu comportamento e levar as crianças a atribuir os seus próprios comportamentos a recursos externos, em vez de assumirem a responsabilidade pessoal pelas suas acções (Hess & McDevitt, 1984).

Nível de rendimento

O fator do nível de rendimento está intimamente associado ao comportamento e ao sucesso das crianças. Isto explica porque é que os países pobres têm um baixo nível de sucesso escolar em comparação com outros países.

Para além do rendimento familiar, o rendimento escolar desempenha um papel importante no desempenho das crianças. Thomas e Stockton (2003) analisaram o impacto do estatuto socioeconómico no desempenho dos alunos nos Estados Unidos e concluíram que a pobreza individual e escolar tem um efeito claramente negativo no desempenho dos alunos. Verificaram também que os alunos que frequentam escolas com as percentagens mais elevadas de alunos pobres tiveram um pior desempenho inicial nos testes de leitura e de matemática.

Um outro estudo sobre salas de aula do quarto ano no Texas revelou que as salas de aula com baixos rendimentos apresentavam ganhos mais baixos no Programa de Avaliação Referenciada por Normas do Texas do que as salas de aula sem baixos rendimentos (Lopez, 1995). É provável que as crianças que estudam nessas salas de aula tenham um ambiente inadequado para aprender e trocar informações com os colegas. Mesmo na mesma escola, a diferença de sucesso ocorre entre crianças com diferentes níveis de rendimento. Lee (1998) afirma que existem diferenças no desempenho em matemática entre alunos de diferentes estatutos socioeconómicos na mesma escola.

Factores que influenciam o comportamento de informação das crianças

As análises anteriores da literatura sobre o comportamento de informação das crianças revelaram alguns aspectos que afectam as crianças quando procuram informação e que, por sua vez, influenciam a obtenção do resultado relevante. Neste caso, são examinados três factores: as tarefas da turma, o objetivo da informação e a capacidade de leitura.

Atribuições

Muitas vezes, os professores têm uma compreensão básica do processo de procura de informação, que expressam dando aos alunos tarefas de natureza vaga e extensa e para as quais têm muito pouco tempo para pesquisar informação (Hultgren & Limberg, 2003). Também não dão aos alunos a oportunidade de aplicar competências de raciocínio de ordem superior ou de se envolverem com materiais de conteúdo substancial (Matsumura, 2003). Estas formas de ensino podem levar a um maior risco de os alunos não compreenderem a informação necessária; assim, os alunos não saberão realmente o que estão à procura e os bibliotecários terão de interpretar as instruções dos professores para os alunos que estão confusos sobre o problema de investigação. O plágio também pode ser generalizado se não for concedido tempo suficiente para a procura de informação ou se não forem dadas explicações claras sobre os processos de pesquisa (Todd, 1998). Por conseguinte, os professores devem planear e preparar cuidadosamente as tarefas com antecedência e certificar-se de que os alunos são capazes de as realizar.

Rademacher (2000) concluiu que é necessário planear as tarefas de modo a satisfazer as necessidades e os interesses de cada aluno para melhorar a aprendizagem e a motivação de todos os membros da turma. Além disso, o que os professores dizem e fazem quando apresentam as tarefas pode fazer uma diferença significativa na capacidade de os alunos concluírem o seu trabalho de forma satisfatória. Alguns dos pontos que os professores devem considerar são os seguintes:

1. Verificar se estão disponíveis recursos suficientes
2. Atribuição de atribuição simples
3. Ter objectivos
4. Fornecer palavras-chave fáceis

Para além disso, os alunos devem ser encorajados a aplicar os métodos adequados de procura de informação para completar o trabalho. A motivação pode ser conseguida quando os professores se baseiam na informação que recolhem dos inquéritos de interesse dos alunos ou quando perguntam aos alunos quais são, na sua opinião, as características de um bom trabalho (Rademacher, 2000). Os professores também devem ensinar aos alunos como devem ouvir e registar num caderno as informações necessárias para a realização do trabalho, de modo a recordar-lhes o que é realmente necessário (Rademacher, 2000).

Além disso, os professores são incentivados a ter em conta algumas características que interessam e motivam os alunos para a realização de trabalhos. Normalmente, os alunos preferem tarefas que ofereçam o nível adequado de desafio, permitam que os alunos sejam criativos, promovam a interação entre os alunos e forneçam uma orientação completa (Rademacher, Deshler, Schumaker, & Lenz, 1998).

Objetivo da pesquisa de informações

As crianças procuram normalmente informações por várias razões, algumas das quais são a realização de tarefas, a satisfação de necessidades pessoais e a diversão. Estes objectivos variam até em função do sexo das crianças. Por exemplo, os rapazes adolescentes tendem a ler textos informativos para se divertirem, enquanto as raparigas adolescentes os lêem para cumprirem tarefas escolares (Reynolds, et al., 1996). Outro estudo revela que os rapazes gostam mais de desporto, transportes e temas militares do que as raparigas, e as raparigas preferem mais os temas de artes e ofícios, saúde e moda/beleza do que os rapazes (Sturm, 2003).

Além disso, a compreensão dos benefícios da informação afecta a motivação das crianças para procurar informação. Para ilustrar, os alunos acreditam nos benefícios associados à obtenção de um diploma, mas são cépticos quanto aos benefícios associados à aprendizagem ou ao bom desempenho nas aulas. Por outras palavras, acreditam que o seu sucesso no mercado de trabalho dependerá principalmente do número de anos de escolaridade que completarem, e não da aprendizagem do que as escolas têm para ensinar. Se os alunos acreditarem que a vertente académica da escola é apenas uma obrigação desagradável e que o seu sucesso ou insucesso escolar é, em grande medida, irrelevante para o seu futuro, não se empenharão na escola. Esta atitude é reforçada pelo facto de os empregadores não pedirem para ver os certificados de habilitações do ensino secundário (EdSource, 1999).

Capacidade de leitura

A capacidade de leitura e a utilização da estratégia de leitura correcta com as competências de análise de textos desempenham um papel fundamental na capacidade das crianças para procurar e encontrar as informações necessárias. O desenvolvimento cognitivo das crianças é também um fator importante para melhorar as competências de leitura e encontrar informações. Por exemplo, as crianças mais novas têm mais dificuldades em ler do que as crianças mais velhas, e é-lhes mais difícil formular perguntas de investigação e exercitar estratégias de leitura. Embora as crianças mais novas possam estar familiarizadas com os índices dos livros, raramente os utilizam de forma espontânea e autónoma (Hultgren & Limberg, 2003).

Por conseguinte, as crianças devem ser ensinadas e treinadas para melhorar as suas competências de leitura. Armbuster e Armstrong (1993) afirmam que as crianças não têm formação suficiente na leitura de textos informativos para serem capazes de reconhecer diferentes estruturas, pelo que não conseguem encontrar informação relevante de forma rápida e eficaz. Se isto fosse verdade, implicaria que as crianças estariam em risco no que respeita à conclusão das suas tarefas e ao sucesso escolar. Wallace e Kupperman (1997) descobriram que as crianças passam um tempo desigual na procura de factos em textos, em resposta a perguntas específicas colocadas pelos professores ou pelos manuais escolares, em vez de lerem realmente os textos.

Comportamento de procura de informação e adoção de recursos em linha

O acesso das crianças a recursos electrónicos através de dispositivos móveis está a generalizar-se em todo o mundo. Dado que a Internet se tornou uma das fontes de informação mais importantes para apoiar os ambientes de aprendizagem das crianças, o comportamento e a procura de informação por parte das crianças tornaram-se uma questão fundamental que exige uma investigação mais aprofundada. Compreender o comportamento das crianças, tendo em conta os diferentes factores em que ocorre o comportamento de procura de informação, é a preocupação da teoria da atividade que influenciou ainda mais o desenvolvimento da Ciência da Informação. Compreendeu-se que a adoção e a utilização de recursos electrónicos, bem como as percepções sobre os mesmos, influenciam a procura de informação por parte das crianças.

A adoção de recursos electrónicos é uma das principais áreas do comportamento de procura de informação que tem sido estudada numa grande quantidade de investigação, a fim de se obter uma imagem clara dos principais factores que influenciam as pessoas a aceitar recursos electrónicos e a implementá-los nas suas actividades de procura de informação. Dillon e Morris (1996) definem a aceitação do utilizador como "a vontade demonstrável de um grupo de utilizadores de utilizar a tecnologia da informação para as tarefas que esta foi concebida para suportar". A forte relação entre a estratégia de procura de informação e a utilização de tipos específicos de recursos electrónicos (Shih & Venkatesh, 2003) levou à análise de diferentes tipos de recursos electrónicos, como CD-ROM, recursos da Internet e aplicações para telemóveis inteligentes, etc. Por conseguinte, deve prestar-se mais atenção à forma como os recursos electrónicos existentes estão a ser utilizados pelas crianças e como interagem com estes tipos de recursos quando procuram informação (Shih &Venkatesh, 2003).

A determinação da utilização dos recursos electrónicos pode ser caracterizada tanto pela taxa de utilização como pela variedade de formas de utilização (Dutton, Kovaric & Steinfield, 1985). Enquanto a variedade de utilização pode ser determinada pelas funcionalidades disponíveis e pela sua interação em inúmeras situações de utilização, a taxa de utilização depende dos requisitos das tarefas dos utilizadores (Shih & Venkatesh, 2003).

Muitos factores e preditores afectam a decisão e a taxa de adoção, incluindo as características de um recurso eletrónico e diversas variáveis económicas, sociológicas, organizacionais e psicológicas (Butler & Sellbom, 2002). De acordo com Shih e Venkatesh (2003), uma atitude positiva em relação às consequências da utilização das tecnologias da informação resulta numa elevada taxa de adoção. Davis, Bagozzi e Warshaw (1989) acreditam que a principal motivação para a adoção e utilização de computadores é a crença do adotante relativamente ao resultado da utilização ou a perceção da utilidade da própria tecnologia.

A influência social também desempenha um papel significativo na determinação dos factores de aceitação e do comportamento dos novos adoptantes de novas tecnologias da informação (Malhotra & Galletta, 1999). Quando uma influência social cria um sentimento de conformidade, uma impressão negativa afectará os utilizadores. Em contrapartida, o sentimento de interiorização e identificação dos utilizadores gerado pela influência social pode ter um efeito positivo na atitude de aceitação da tecnologia (Malhotra & Galletta, 1999). Assim, a consideração da influência social e da forma como esta afecta o empenho da criança em relação aos recursos electrónicos parece importante para compreender, explicar e prever a utilização dos recursos electrónicos e o comportamento de aceitação (Malhotra & Galletta, 1999).

Difusão de recursos electrónicos e de novas inovações

A difusão é definida como o processo pelo qual uma inovação é adoptada e aceite pelos membros de uma determinada comunidade (Surry & Farquhar, 1997). Rogers (2003) define-a como o processo que uma inovação necessita para se difundir através dos canais de comunicação ao longo do tempo entre as pessoas da comunidade. O rápido crescimento do conhecimento leva à existência de múltiplas formas de tecnologia. Como resultado, surgiu um grande número de teorias de difusão de inovações, com o objetivo de estudar a aceitação destas inovações pelos membros da comunidade. Os investigadores de várias disciplinas utilizaram estas teorias para compreender os factores que influenciam as pessoas a aceitar ou rejeitar as tecnologias. As teorias de difusão da inovação espalharam-se por todo o mundo porque oferecem um quadro concetual para discutir o processo de aceitação a nível global (Dillon & Morris, 1996). De acordo com Dillon e Morris (1996), estas teorias formam um quadro geral do impacto social das tecnologias na comunidade e fornecem informações sobre as características da tecnologia que podem influenciar grupos específicos a adoptá-las.

Apesar da disponibilidade de várias teorias, não existe uma teoria abrangente que seja aceite por todos ou pela maioria dos investigadores. A causa da falta de uma teoria unificada é atribuída à novidade do campo da difusão de inovações, que tem as suas raízes na investigação da sociologia rural dos anos 40 (Rogers & Scott, 1997). Surry e Farquhar (1997) categorizam as aplicações da difusão de inovações em dois grupos. A primeira categoria centra-se na reforma e reestruturação de instituições de ensino. O objetivo desta categoria é desenvolver teorias de mudança organizacional. Estas teorias envolvem a adoção de uma vasta gama de tecnologias e práticas inovadoras. Este grupo é designado por macro-teorias. As microteorias são a segunda categoria que se centra no aumento da adoção e utilização de produtos pedagógicos específicos. O objetivo desta categoria é desenvolver teorias de adoção de tecnologia que conduzam a uma utilização mais generalizada de inovações pedagógicas.

Teoria da difusão das inovações

O modelo de difusão da inovação de Rogers é o modelo mais amplamente testado e implementado (Engel, Blackwell, & Miniard, 1995). Embora o modelo não forneça adequadamente uma base para prever os resultados, bem como orientações sobre a forma de acelerar a taxa de adoção, é melhor aplicado às questões socioeconómicas das tecnologias da informação e da comunicação no sistema social (Minishi-Majanja & Kiplang'at, 2005).

Rogers (2003) define uma inovação como qualquer nova ideia, prática ou objeto percebido como uma nova emergência. A novidade, na perceção de Rogers, não se limita apenas a novos conhecimentos, mas pode também incluir a persuasão ou a decisão de adoção. A difusão, por outro lado, é definida como o processo de que uma inovação necessita para se espalhar através dos canais de comunicação ao longo do tempo entre as pessoas da comunidade. De acordo com esta definição, Rogers identifica quatro elementos da difusão da inovação. O primeiro é a inovação, que consiste em dois componentes: hardware e software. Embora as inovações sejam principalmente hardware, podem ser totalmente compostas por informação. O canal de comunicação é outro elemento que é definido como o processo e os meios utilizados para trocar informações entre os membros da comunidade. Neste contexto, a difusão é um tipo de comunicação em que o conteúdo da mensagem trocada está relacionado com uma inovação. O terceiro elemento é o tempo que envolve a difusão em três ângulos: o processo de inovação-difusão, a capacidade de inovação e a taxa de adoção de uma inovação. O sistema social, o quarto elemento, é um grupo de unidades inter-relacionadas que se empenham em conjunto para atingir um objetivo comum.

Rogers modelou o processo de inovação-decisão pelo qual um indivíduo passa quando se depara com novas inovações ou ideias. O processo consiste essencialmente em actividades de procura e processamento de informação, desde a obtenção de conhecimentos iniciais sobre a inovação, à formação de uma atitude em relação à mesma, à decisão de adotar ou rejeitar, à implementação da nova ideia e, finalmente, à confirmação da decisão tomada (Rogers. 2003)

Como mostra a Figura 1, o processo da teoria da difusão de inovações de Rogers consiste em cinco fases sequenciais:

1. Conhecimento: ocorre quando um indivíduo ou outra unidade de decisão é exposto à existência de uma inovação e adquire alguma compreensão do seu funcionamento. Existem três tipos de conhecimento:

a. Sensibilização - conhecimento (informação de que existe uma inovação).

b. How-to-knowledge (informação necessária para utilizar corretamente uma inovação).

c. Conhecimento dos princípios (que trata dos princípios de funcionamento subjacentes ao funcionamento da inovação).

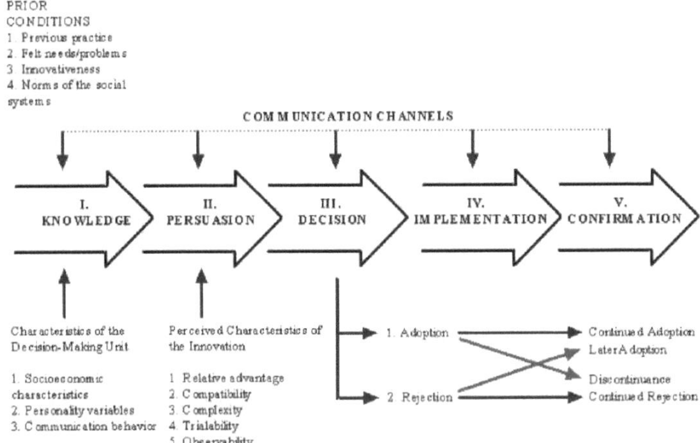

Figura 1. Modelo de difusão da inovação (fonte: Rogers, 2003)

2. Persuasão: ocorre quando um indivíduo forma uma atitude favorável ou desfavorável em relação à inovação com base nas características percebidas da inovação, como a vantagem relativa e a complexidade.

3. A decisão ocorre quando um indivíduo se envolve em actividades que levam a uma escolha de adotar ou rejeitar a inovação.

4. Implementação: ocorre quando um indivíduo coloca a inovação em uso.

5. Confirmação: ocorre quando um indivíduo procura reforçar uma decisão de inovação já tomada, ou reverte uma decisão anterior de adotar ou rejeitar a inovação se for exposto a mensagens contraditórias sobre a inovação.

Atributos das inovações

Independentemente da natureza e das características das pessoas, as propriedades de uma inovação em si afectam a sua taxa de adoção na sociedade. Rogers identifica cinco características das inovações que ajudam a explicar as diferentes taxas de adoção:

1. Vantagem relativa: o grau de consideração da inovação como a melhor alternativa ao objeto aplicado. Quanto maior for o grau de perceção individual das vantagens de uma inovação, mais rápida será a sua taxa de adoção.

2. Compatibilidade: o grau de coerência da inovação com os valores existentes, a experiência passada e as necessidades dos potenciais adoptantes. Se uma ideia não for coerente com os valores da sociedade, não será adoptada com a mesma rapidez do que se for compatível.

3. Complexidade: grau de dificuldade das inovações para serem compreendidas e utilizadas. As novas ideias que são fáceis de compreender são adoptadas mais rapidamente do que as que exigem novas competências.

4. Experimentabilidade: o grau em que uma inovação pode ser experimentada numa base limitada. A experimentação proporciona aos indivíduos menos incerteza e dá-lhes a oportunidade de aprender e praticar fazendo

5. observabilidade - o grau em que o resultado da inovação é visível para os outros. A visibilidade dos resultados positivos da inovação aumenta a possibilidade de serem adoptados.

Rogers (2003) afirma que de 49 a 87% da variação na taxa de adoção de qualquer nova inovação é explicada pelos cinco atributos mencionados anteriormente. Afirmou também que a taxa de adoção pode ser afetada por outras variáveis: o tipo de inovação-decisão, a natureza do canal de comunicação que difunde a inovação no processo de inovação-decisão, a natureza do sistema social e a extensão dos esforços de promoção dos agentes de mudança na difusão da inovação (Figura 2).

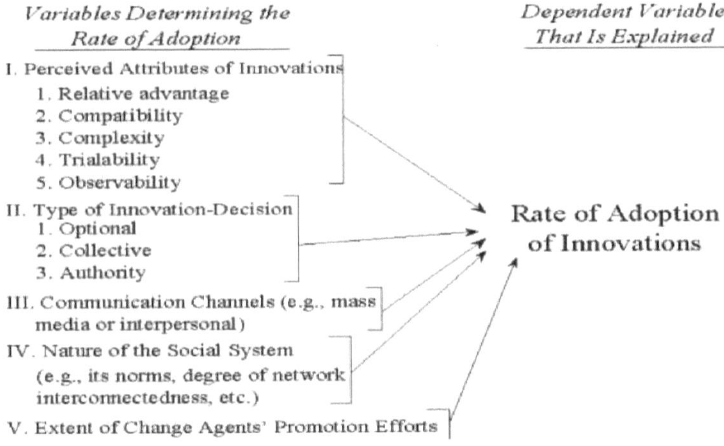

Figura 2. Variáveis que determinam a taxa de adoção de inovações (Rogers, 2003)

Modelo de Aceitação de Tecnologia (TAM)

O TAM é uma teoria dos sistemas de informação, desenvolvida por Davis em 1986 para modelar a forma como os utilizadores aceitam e utilizam uma tecnologia (Malhotra & Galletta, 1999). A base teórica deste modelo assenta na Teoria da Ação Fundamentada (TRA) (Pikkarainen, Pikkarainen, Karjaluoto, & Pahnila, 2004). O objetivo do TAM é dar "uma explicação dos determinantes da aceitação do computador que seja geral, capaz de explicar o comportamento do utilizador numa vasta gama de tecnologias informáticas e populações de utilizadores finais, sendo ao mesmo tempo parcimonioso e teoricamente justificado" (Davis, Bagozzi, & Warshaw, 1989). Outro objetivo do TAM é fornecer uma base para explicar o impacto de factores externos nas crenças, atitudes e intenções internas. Para atingir estes objectivos, o TAM identifica um número de variáveis fundamentais sugeridas por investigações anteriores que tratam dos determinantes cognitivos e afectivos da aceitação do computador e utiliza a TRA como base teórica para modelar as relações teóricas entre as variáveis (Davis, Bagozzi, & Warshaw, 1989).

O modelo sugere que, quando as inovações são apresentadas aos utilizadores, alguns factores influenciam a sua decisão sobre como e quando as adoptarão, especialmente a utilidade percebida e a facilidade de utilização percebida (Figura 3). Davis (1989) define a perceção de utilidade como "o grau em que uma pessoa acredita que a utilização de um determinado produto ou serviço é mais fácil do que a sua utilização"40

O sistema melhoraria o seu desempenho profissional". A perceção da facilidade de utilização, por seu lado, refere-se ao "grau em que uma pessoa acredita que a utilização de um determinado sistema não implicaria qualquer esforço".

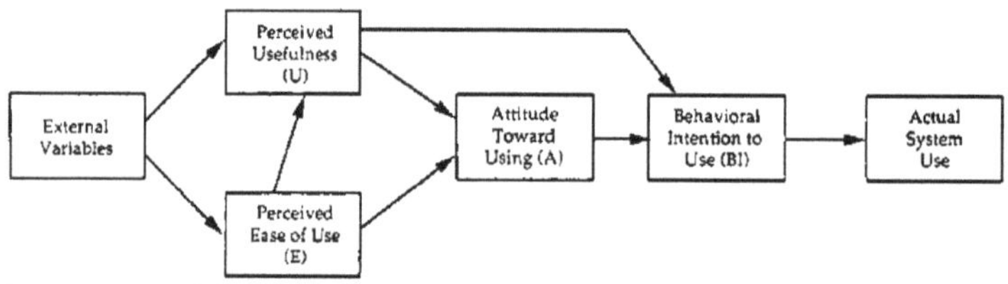

Figura 3. Modelo de aceitação de tecnologia de Davis (fonte: Davis, 1989)

As percepções de facilidade de utilização e de utilidade afectam a atitude de uma pessoa em relação a uma tecnologia, o que, por sua vez, tem impacto na utilização efectiva da tecnologia. Num esforço para mudar as percepções das crianças em relação à utilização da tecnologia na sala de aula, bem como para aumentar efetivamente a utilização da tecnologia, os distritos escolares devem proporcionar desenvolvimento profissional aos professores e incentivá-los a ajudar os alunos a utilizar os recursos de informação em linha para realizar as tarefas e actividades da aula.

CAPÍTULO 3

MODELOS NA INVESTIGAÇÃO SOBRE O COMPORTAMENTO DA INFORMAÇÃO

Cada estudo apresentado anteriormente utiliza um modelo diferente de comportamento da informação para atingir os resultados pretendidos. Estes vários modelos são discutidos de seguida.

O Quadro Curricular da Nova Zelândia - Competências Essenciais

O Quadro Curricular da Nova Zelândia - Competências Essenciais faz parte da declaração política de base que abrange o ensino, a aprendizagem e a avaliação para todas as escolas da Nova Zelândia. O quadro curricular reconhece que cada aluno tem necessidades de aprendizagem únicas. Estas necessidades de aprendizagem são apresentadas em cinco partes para identificar os conhecimentos, a compreensão, as aptidões e as atitudes que todos os alunos devem desenvolver para poderem desempenhar um papel ativo no mundo em que vão viver e trabalhar (Ministério da Educação, 1993).

As competências essenciais são uma parte de um quadro que incorpora oito grupos de competências essenciais que os alunos precisam de desenvolver para realizarem todo o seu potencial e assumirem um papel responsável na sociedade. Os alunos nestas fases de competências desenvolverão competências essenciais através de uma série de experiências de aprendizagem em todo o currículo. As competências essenciais incluem a comunicação, a numeracia, a informação, a resolução de problemas, a auto-gestão, as competências competitivas, sociais e cooperativas e as competências físicas. Estas competências têm por objetivo abordar a abordagem cognitiva que permite aos alunos saber como encontrar respostas e como aprender novos conhecimentos. Para ilustrar, a abordagem cognitiva das competências essenciais exige atitudes de resolução de problemas e de pensamento crítico, em conjugação com algumas competências de tratamento da informação para criar novos conhecimentos (Brown, 1997).

As duas competências mais relevantes para as actividades de procura de informação nas competências essenciais são a capacidade de informação e a capacidade de resolução de problemas. As características das competências de informação são as seguintes

1. Identificar, localizar, recolher, armazenar, recuperar e processar informações a partir de recursos.

2. Organizar, analisar, sintetizar, avaliar e utilizar a informação.

3. Apresentar informações de forma clara, lógica, concisa e exacta.

4. Identificar, descrever e interpretar diferentes pontos de vista e distinguir factos de opiniões.

5. Utilizar com confiança e competência uma série de tecnologias de recuperação e tratamento da informação.

As competências de resolução de problemas exigem que os alunos
1. pensar de forma crítica, criativa, reflectida e lógica;
2. exercitar a imaginação, a iniciativa e a flexibilidade;
3. identificar, descrever e redefinir um problema;
4. analisar problemas a partir de uma variedade de perspectivas diferentes;
5. estabelecer contactos e relações;
6. inquirir e pesquisar, e explorar, gerar e desenvolver ideias;
7. experimentar ideias inovadoras e originais;
8. conceção e fabrico;
9. testar ideias e soluções e tomar decisões com base na experiência e em provas;
10. avaliar processos e soluções.

Ao analisarmos os processos incluídos nestas duas competências, verificamos que estas fases estão contidas numa ou mais das actividades do comportamento informacional, que são a necessidade de informação, a procura de informação e a utilização de informação (ver Quadro 1). As 14 situações encontradas no Quadro da Nova Zelândia representam os aspectos cognitivos e físicos do comportamento informacional.

Processo	Situação
Necessidade de informação	Identificar, pensar, exercitar, imaginar, redefinir, inquirir

Procura de informação	Localizar, armazenar, recolher, recuperar, processar, organizar, analisar, avaliar, explorar, gerar, desenvolver
Utilização da informação	Sintetizar, utilizar, apresentar, descrever, fazer, ligar, experimentar, conceber, testar, decidir

Quadro 1. Relação entre o Quadro Curricular da Nova Zelândia - Competências Essenciais e as actividades de comportamento informativo

Modelo da Belkin, Marchetti e Cool

Belkin, Marchetti e Cool (1993) sugerem que a recuperação de informação é mais apropriadamente considerada como um processo inerentemente interativo e descrevem a conceção de uma interface de um sistema de recuperação de informação bibliográfica que apoia a interação dos utilizadores de uma forma integrada. Nesta perspetiva, identificam quatro dimensões ou factores da estratégia de procura de informação (ISS):

- Método de interação (scanning - pesquisa).
- Objetivo da interação (aprender - selecionar).
- Modo de recuperação (reconhecimento - especificação).
- Recurso considerado (elementos de informação-meta-informação).

Hipoteticamente, qualquer estratégia de procura de informação pode ser descrita através de uma combinação destas dimensões (Cooper, 2002).

O modelo mostra que o comportamento de procura de informação se caracteriza pela passagem de uma estratégia para outra no decurso de um único episódio de pesquisa, o que levou à identificação das quatro estratégias de procura de informação mencionadas (Saracevic, 1996). Embora os autores reconheçam os problemas de exaustividade, validade e independência das dimensões propostas para os EEI, estas dimensões constituem um ponto de partida para uma análise mais aprofundada das estratégias. Os autores reconhecem ainda que a identificação de várias estratégias no âmbito de um episódio de procura de informação não aborda a razão pela qual o pesquisador muda de estratégia (Cooper, 2002). O ponto forte deste modelo é que aborda diretamente a interação e especifica que existem vários tipos de interacções (Saracevic, 1996).

O modelo Big6

O Big6 é um modelo de resolução de problemas para os alunos realizarem os seus trabalhos, mas também pode ser utilizado sempre que as pessoas se deparam com problemas de informação ou precisam de tomar decisões. Algumas pessoas chamam-lhe um andaime metacognitivo ou uma estratégia de resolução de problemas de informação (Eisenberg & Berkowitz, 1990)

Estágio	Processo
Definição da tarefa	Definir o problema de informação Identificar as informações necessárias
Estratégias de procura de informação	Determinar todas as fontes possíveis Selecionar as melhores fontes
Localização e acesso	Localizar fontes (intelectual e fisicamente) Encontrar informações nas fontes
Utilização das informações	Envolver (por exemplo, ler, ouvir, ver, tocar) Extrair informações relevantes
Síntese	Organizar a partir de várias fontes Apresentar as informações
Avaliação	Avaliar o produto (eficácia) Avaliar o processo (eficiência)

Tabela 2. O Big6 descreve seis etapas divididas em doze tarefas

Através do Big6, as pessoas podem aprender a reconhecer as suas necessidades de informação e a progredir através de uma série de fases para resolver problemas de informação de forma eficaz e eficiente (Eisenberg, 2003). Embora o Big6 seja uma série de fases, não é necessariamente um processo passo-a-passo. Sabe-se que a resolução bem-sucedida de problemas de informação requer a conclusão de cada fase em algum momento; no entanto, o Big6 não é linear ou prescritivo e não requer a conclusão das fases em ordem, mas todas as fases devem ser concluídas para o sucesso geral (Eisenberg, 2003). Por exemplo, quem procura informação define a sua estratégia de procura depois de identificar a tarefa. No entanto, os termos da estratégia podem não conduzir aos resultados necessários, pelo que os requerentes voltarão a formular a estratégia de informação. Isto significa que o Big6 é um modelo flexível e que tem em conta os movimentos dos utilizadores de fase em fase durante o processo de procura de informação. Além disso, o Big6 fornece um conjunto de competências lógicas e de base alargada que pode ser utilizado como estrutura para o desenvolvimento do currículo ou como enquadramento para um conjunto de competências distintas de resolução de problemas, que fornecem aos alunos um conjunto abrangente de competências poderosas para conquistar a era da informação (Eisenberg, 2003).

Aprender sobre o Big6 e aplicá-lo nas escolas é um método útil tanto para os professores como para os alunos. Para os professores, fornece um conjunto definitivo de competências que os alunos devem dominar para serem bem sucedidos em qualquer contexto de aprendizagem, porque os professores podem integrar lições sobre o Big6 nos conteúdos e tarefas da disciplina. Para os alunos, o Big6 é um guia para lidar com os trabalhos e as tarefas, bem como um modelo a que podem recorrer quando estão bloqueados (Eisenberg, 2003).

O modelo Ellis

Ellis (1989) propôs um modelo para explicar a forma como os utilizadores interagem com as fontes de informação. Ellis investigou o comportamento de procura de informação em ciências sociais, ciências físicas e engenharia e concluiu que o conjunto de características que desenvolveu podia ser aplicado a estas disciplinas. Identificou a seguinte lista de acções características do comportamento de procura de informação

- Iniciar - actividades características da procura inicial de informação;
- Encadeamento - seguir cadeias de citações ou outras formas de ligação referencial entre materiais;
- Navegação - pesquisa semi-dirigida numa área de potencial interesse;

• Diferenciar - utilizar as diferenças entre as fontes como filtros sobre a natureza e a qualidade do material examinado;

• Monitorização - manter-se a par dos desenvolvimentos num determinado domínio através da monitorização de fontes específicas;

• Extrair - trabalhar sistematicamente numa determinada fonte para localizar material de interesse;

• Verificação - actividades associadas à verificação da exatidão da informação;

• Finalização - actividades características da procura de informação no final de um tópico ou projeto, por exemplo, durante a preparação de artigos para publicação.

Ellis observa que o pormenor da interação em qualquer padrão individual de procura de informação dependerá das actividades de procura de informação da pessoa em causa nesse momento específico.

Modelo de Kuhlthau

O trabalho de Kuhlthau (1993) trabalha com o de Ellis, acrescentando fases do processo de pesquisa de informação que estão relacionadas com sentimentos, pensamentos e acções. O estudo inicial de Kuhlthau sobre estudantes do ensino secundário associou uma série de fases baseadas em pensamentos, sentimentos e acções no processo de conclusão de uma tarefa. No modelo de Kuhlthau, ela observou uma relação entre a procura de informação e a aprendizagem. A autora investigou os alunos do ensino secundário enquanto procuravam informação para um trabalho escolar, utilizando diários, registos de pesquisa, observação, mapas conceptuais, questionários e avaliações dos professores. A partir dos resultados, Kuhlthau desenvolveu o modelo de processos de pesquisa de informação (ISP) que inclui três domínios principais, nomeadamente, os domínios cognitivo, afetivo e físico. Tal como se mostra na Figura 4, o modelo ISP é composto por seis fases que podem ser descritas da seguinte forma:

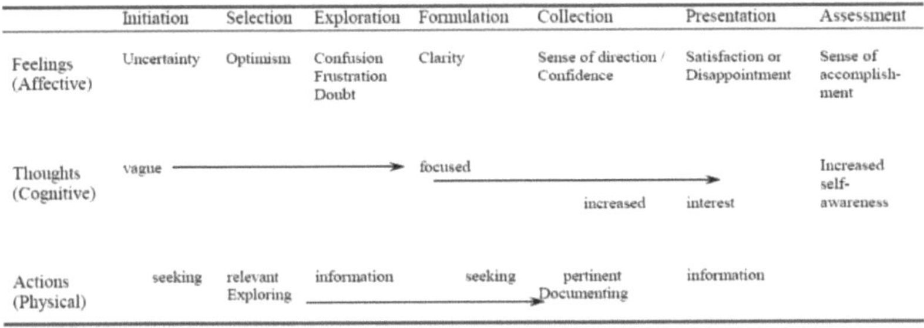

Figura 4. Modelo do processo de pesquisa de informação

- Iniciação - uma pessoa tem sentimentos de incerteza e uma necessidade de informação

- Seleção - quando uma pessoa tem sentimentos de otimismo e tenta identificar um tópico geral para procurar a informação

- Exploração - quando uma pessoa tem sentimentos de confusão e tenta investigar ou procurar mais informações sobre o tema

- Formulação - quando a pessoa tem uma sensação de clareza e se concentra numa área específica do tópico

- Recolha - quando uma pessoa tem sentimentos de confiança e reúne toda a informação relevante necessária para o ponto focal da informação necessária

- Apresentação - quando uma pessoa tem sentimentos de satisfação ou desilusão e completa a pesquisa de informação ou a tarefa.

O modelo ISP de Kuhlthau mostra em pormenor as fases relacionadas com pensamentos, sentimentos, acções e estratégias de diferentes tipos de pessoas enquanto procuram a informação de que necessitam. Embora este processo possa não se aplicar na sua totalidade a todos os que procuram informação, espera-se que todo ou parte dele se aplique às pessoas em geral.

CAPÍTULO 4

LIÇÕES DE ESTUDOS ANTERIORES

Aplicação do modelo de Belkin et al.

Os modelos acima referidos foram utilizados e aplicados em ambientes reais, e as provas permitem-nos compreender os sistemas de procura de informação e o comportamento de acesso. O modelo de Belkin et al. (1993) foi aplicado por Cooper (2002), que estudou o comportamento de procura de informação de crianças de 7 anos numa situação semi-estruturada no centro multimédia da biblioteca da sua escola. Os participantes no estudo incluíam crianças de 7 anos de uma turma do segundo ano da biblioteca, composta por 9 rapazes e 12 raparigas, num total de 21 crianças. Possuíam capacidades intelectuais médias, de acordo com os boletins de notas arquivados pelos seus anteriores professores.

O estudo concluiu que as crianças utilizam estratégias de pesquisa semelhantes às utilizadas pelos adultos e tendem a confiar na informação visual, se esta estiver disponível, em vez de utilizarem a informação textual, especificamente quando não são direccionadas através da interface, como no caso do computador, ou através de um intermediário, como no caso do especialista em meios de comunicação da biblioteca escolar. No entanto, foram capazes de utilizar com êxito a meta-informação em formato textual para encontrar informação, se esta fosse apresentada de uma forma altamente direccionada. A razão para esta confiança, como afirma Cooper (2002), é que as crianças deste estudo estão a transitar do estádio de desenvolvimento pré-operacional para o estádio de desenvolvimento operacional concreto de Piaget. Durante o estádio de desenvolvimento pré-operacional, a criança vê as coisas apenas do seu próprio ponto de vista.

Outra constatação é que as crianças têm uma experiência limitada na utilização de símbolos alfabéticos e de sistemas de classificação socializados, o que tem um impacto na sua escolha de estratégias de pesquisa. Se for apresentado às crianças um recurso que requer a utilização de competências que não dominam, em particular combinações de competências, podem ter dificuldade em negociar as estratégias de pesquisa necessárias para uma utilização bem sucedida desse recurso. O estudo também constatou que as crianças tinham dificuldade em realizar tarefas de pesquisa alargadas (por exemplo, encontrar informações sobre teias de aranha), embora fossem capazes de executar determinadas competências. O autor acredita que esta dificuldade ocorreu porque as crianças do estudo estavam a ter um problema na fase de Formulação do Foco do Processo de Pesquisa de Informação de Kuhlthau (1993).

Procurar estilo na Web

Bilal e Kirby (2002) examinaram a procura de informação na Web por parte de crianças e estudantes universitários. As crianças que participaram no estudo eram 14 alunos do sétimo ano do ensino básico de uma escola no leste do Tennessee. Estas crianças foram seleccionadas de três turmas de ciências. O estudo utilizou métodos de investigação quantitativos e qualitativos. Os métodos quantitativos forneceram dados empíricos sobre o comportamento das crianças, o seu sucesso, a resolução de problemas, as suas competências de navegação na Web e os seus conhecimentos sobre a utilização do Yahooligans! Este método requer que as observações sejam registadas utilizando a Lotus ScreenCam. O método qualitativo gerou dados a partir de entrevistas e da escrita de diários e proporcionou uma compreensão dos dados comportamentais que resultaram do método quantitativo. Os estados afectivos das crianças foram captados através de entrevistas estruturadas individuais no final do estudo. Foi dada às crianças uma tarefa baseada em factos para pesquisarem em Yahooligans! A pergunta a que as crianças tinham de responder era "Quanto tempo vivem os jacarés em estado selvagem e quanto tempo em cativeiro? "Os investigadores aplicaram o Web Traversal Measure para examinar a eficácia, a eficiência e a qualidade dos movimentos das crianças na Web.

Após a análise dos dados, os autores sugeriram que a idade não era um fator que influenciava o comportamento de procura de informação dos participantes. Os factores que parecem influenciar a procura de informações são a capacidade de recuperar de falhas, o estilo de navegação e a concentração na tarefa. O estudo também revela que as crianças não tiveram êxito quando efectuaram pesquisas na Web utilizando palavras-chave; em contrapartida, tiveram êxito quando navegaram em hierarquias de assuntos. Além disso, os resultados indicaram que 50% das crianças não conseguiram encontrar a resposta correcta para uma tarefa de procura de factos num motor de busca/diretório concebido especificamente para o seu nível etário. Isto indica a importância de proporcionar às crianças programas de formação na Web que considerem os níveis de desenvolvimento cognitivo, prestando atenção às competências processuais que os alunos necessitam para planear e avaliar todos os aspectos da utilização e recuperação de informação (Mancall, Aaron, & Walker, 1986). Esta formação ajuda os alunos a avaliar o seu próprio estado de conhecimento e compreensão da tarefa, a planear estratégias de pesquisa adequadas e a desenvolver técnicas para avaliar as etapas do seu processo de procura de informação.

Informação Resolução de problemas

A capacidade dos estudantes neozelandeses para localizar informação utilizando as estruturas e os sistemas das bibliotecas foi medida por Brown (2001) através da normalização de seis novos testes de Competências de Informação em estudantes dos 5 aos 8 anos. Os testes de papel e lápis baseiam-se na perspetiva de resolução de problemas de informação da Estrutura Curricular da Nova Zelândia - Competências Essenciais. Estes alunos foram divididos em dois grupos. O primeiro grupo, constituído por alunos do quinto e sexto anos, foi submetido aos testes primários e o segundo grupo, constituído por alunos do sétimo e oitavo anos, foi submetido aos testes intermédios. O autor analisou a estrutura demográfica destas populações de teste, examinando as seguintes características a nível da escola: dimensão e tipo de escola, estatuto socioeconómico da escola, base de financiamento da escola, proporção de alunos das ilhas do Pacífico e Maori, mistura urbano-rural e localização geográfica.

O primeiro resultado estatisticamente significativo foi o facto de os alunos de um nível de escolaridade mais elevado serem ligeiramente mais capazes de responder às perguntas do que os alunos de um nível de escolaridade correspondentemente mais baixo. A segunda grande descoberta estatisticamente significativa foi que as raparigas são consistentemente um pouco mais capazes de responder às perguntas do que os rapazes. Além disso, o estudo revelou que, à medida que os rapazes e as raparigas progridem do quinto para o oitavo ano, a diferença na sua capacidade de localizar informação começa por aumentar e depois começa a diminuir. Outra constatação importante é que o desempenho médio dos alunos das escolas de nível socioeconómico elevado é superior ao dos alunos das escolas de nível socioeconómico baixo. Uma descoberta surpreendente do estudo é o facto de 50% dos alunos do quinto ano e 35% dos alunos do sexto ano não conseguirem identificar o título de um livro e localizar artigos de ficção e não ficção nas prateleiras da biblioteca, embora estas competências sejam as duas mais fáceis para os alunos do ensino básico.

Noutro estudo, Wolf, Brush e Saye (2003) examinam o efeito do modelo de resolução de problemas de informação Big6 numa turma de alunos do oitavo ano. Foi pedido a estes alunos que pesquisassem e escrevessem sobre acontecimentos relacionados com o movimento dos direitos civis afro-americanos. O estudo descreve o contexto da tarefa que foi atribuída aos alunos, as experiências e reacções dos alunos e algumas conclusões que podem ser retiradas das suas experiências. O estudo tende a mostrar o valor de modelos concisos que ilustram todo o processo de resolução de problemas, para que os jovens investigadores possam compreender melhor a dimensão da tarefa que têm pela frente.

Os participantes no estudo eram 18 alunos do oitavo ano que provinham de um nível socioeconómico principalmente de classe média-alta, sem que nenhum dos alunos fosse elegível para receber almoços gratuitos ou a preço reduzido. O estudo foi realizado na sala de aula regular dos alunos durante doze sessões de 85 minutos. Todos os alunos dispunham dos seus próprios computadores para realizarem as actividades do estudo. Também lhes foi fornecida a base de dados multimédia em CD-ROM Decision Point! (DP) multimédia para poderem realizar as actividades de investigação relacionadas com o estudo. Além disso, os alunos receberam uma introdução aos processos do Big6 em formato de workshop, juntamente com um pacote que descrevia em pormenor cada etapa do Big6. No final do estudo, foram seleccionados três alunos para participarem numa entrevista de saída, a fim de explicarem e desenvolverem os comentários feitos na aula, verificarem as afirmações feitas durante as observações na sala de aula e darem as suas opiniões sobre as actividades do estudo.

O estudo concluiu que os alunos podem ser capazes de gerir tarefas complexas e conteúdos temáticos, incluindo a escrita num formato desconhecido e a compreensão de assuntos complexos relacionados com os Direitos Civis Afro-Americanos, e que se basearam no Big6 para tomar decisões sobre actividades actuais e futuras. Os investigadores também descobriram que o Big6 proporcionou um foco para as actividades de investigação e escrita dos alunos que pareceu aumentar o nível de envolvimento dos alunos tanto com o conteúdo como com as suas actividades de escrita. Em geral, os resultados sugerem que o Big6 actuou como um andaime metacognitivo para os alunos a quem foi pedido que completassem tarefas desconhecidas envolvendo conteúdos complexos. O andaime é gradualmente retirado do aluno à medida que o desempenho se aproxima de um nível de especialista. Além disso, os alunos indicaram que a sua compreensão do processo era benéfica fora da área da aula de estudos sociais em que foi apresentada.

Barreiras à procura de informação

As decisões relacionadas com a carreira são algumas das decisões mais críticas com que as pessoas se deparam na sua vida, especialmente para os adolescentes que procuram uma vida melhor no futuro. A informação relacionada com essas decisões é extremamente importante para as pessoas escolherem a carreira que corresponde às suas competências. Os estudantes, por exemplo, precisam de ter a oportunidade de explorar várias questões: os seus valores, pontos fortes e objectivos; as suas oportunidades educativas e profissionais; as suas percepções dos modelos e influências de outras pessoas importantes nas suas vidas; e o mundo do trabalho (França, 1990).

Julien (1999) apresentou os resultados de um estudo realizado com adolescentes canadianos sobre os seus processos de tomada de decisão e de procura de informação, as suas preocupações sobre estes processos e as barreiras que enfrentam no acesso a informação útil para a tomada de decisões de carreira. A abordagem teórica da procura de informação que serviu de base a este estudo foi a teoria da comunicação de Dervin (1983). Outro quadro teórico utilizado para analisar o estilo de tomada de decisões dos inquiridos foi o modelo de Harren (1979), que foi desenvolvido com base na tomada de decisões de carreira por estudantes universitários. O estudo utilizou um inquérito por questionário distribuído a 400 adolescentes canadianos de escolas secundárias. Após o questionário, foram realizadas entrevistas semi-estruturadas a 15 estudantes do sexo feminino e 15 do sexo masculino do 12.º ano, a fim de obter informações sobre os processos de tomada de decisão e de procura de informações dos inquiridos, as suas preocupações em relação a esses processos e as barreiras que enfrentavam no acesso a informações úteis para a tomada de decisões de carreira.

A análise do questionário revelou que 40% dos adolescentes não sabiam onde se dirigir para obter ajuda para tomar as suas decisões, e uma percentagem semelhante considerava que havia demasiados sítios onde procurar ajuda na sua procura de informação. Além disso, os resultados mostraram que muitos adolescentes não compreendiam quais as decisões que tinham de tomar sobre o seu futuro, porque não tinham ideias claras sobre um futuro adequado.
O processo de tomada de decisão sobre a carreira, o que os levou a sentirem-se ansiosos e sobrecarregados com as decisões que tomavam. Mesmo quando lhes foi oferecida ajuda, alguns adolescentes referiram que não sabiam que perguntas fazer. Este resultado sugere que os adolescentes variam no que respeita à sua prontidão para

procurar informação e tomar decisões de carreira. Além disso, os próprios adolescentes poderiam beneficiar de uma maior compreensão do processo de tomada de decisões de carreira, de modo a saberem que perguntas são apropriadas para fazer em que fases do processo e a poderem lidar melhor com os seus sentimentos de sobrecarga perante a complexidade do processo. Outro obstáculo é a dificuldade que alguns adolescentes relatam quando tentam negociar sistemas de informação, como as bibliotecas. Muitos adolescentes consideram que a informação contida nestes livros e panfletos é dispersa e que a disposição destes materiais é complexa e difícil de negociar.

CONCLUSÃO

Esta análise da literatura sobre o comportamento informativo das crianças indica que a infância é a parte mais importante da vida das pessoas em termos de procura de informação e de tomada de decisões. A razão para tal é que a infância é a primeira oportunidade para as pessoas lidarem com a informação, pelo que a compreensão correcta de como se comportar quando a informação é necessária provavelmente evita barreiras quando as crianças estão a crescer.

A conclusão mais significativa desta análise é que as crianças têm a capacidade de compreender o que querem e como se comportar para satisfazer as suas necessidades. No entanto, não dispõem dos conhecimentos e das estruturas necessárias para adotar os comportamentos de informação adequados para satisfazer as suas necessidades ou resolver os seus problemas. Por isso, os programas de formação e os cursos de informação para crianças são extremamente importantes. Estes programas devem explicar os diferentes recursos para encontrar informação e a forma correcta de lidar com cada fonte. As crianças também devem ser ensinadas a conceber estratégias de pesquisa. As crianças devem ser capazes de expressar as suas necessidades com precisão para decidir e selecionar palavras-chave que vão ao encontro das suas expectativas.

REFERÊNCIAS

Allen, B. (Ed.). (1996). *Information tasks: Toward a user-centered approach to information systems.* Emerald Group Publishing Limited.

Armbuster, B., & Armstrong, J. (1993). Locating information in text: a focus on children in the elementary grades. *Contemporary Educational Psychology, 18,* 139161.

Bawden, D. (2001). Literacias da informação e digital: uma revisão de conceitos. Journal of Documentation, 57(2), 218-259.

Belkin, N., Marchetti P., & Cool, C. (1993). BRAQUE: Conceção de uma interface para apoiar a interação do utilizador na recuperação de informação. *Information Processing & Management, 29*(3), 325-344.

Berlak, H. (2001). Race and the achievement gap. *Rethinking Schools, 15*(4), 10.

Bilal, D., & Kirby, J. (2002). Diferenças e semelhanças na informação
seeking: crianças e adultos como utilizadores da Web. *Information Processing and Management, 38*(5), 649-670.

Braswell, J., et al. (2001). *The nation's report card: Matemática 2000* (NCES No. 2001-517). Washington, DC: Departamento de Educação dos EUA, Gabinete de Investigação e Melhoria da Educação, Centro Nacional de Estatísticas da Educação. Recuperado em 31 de fevereiro de 2005, de
http://nces.ed.gov/nationsreportcard/pdf/main2000/2001517.pdf

Brown, G. (1997, dezembro). Competências de informação no currículo da Nova Zelândia: A blueprint for education? Trabalho apresentado na Conferência Anual da Associação Neozelandesa de Investigação em Educação, Auckland, NZ.

Brown, G. (2001). Locating categories and sources of information: how skilled are New Zealand children? *School Library Media Research, 4.* Obtido em 20 de fevereiro de 2005, de
http://www.ala.org/ala/aasl/aaslpubsandjournals/slmrb/slmrcontents/volume42001/brown.htm

Butler, D., Sellbom, M. (2002). Barreiras à adoção da tecnologia para o ensino e a aprendizagem. *Educase Quarterly, 25(2),* 22-28.

Campbell, S. (2008). Definir a literacia da informação no século XXI, capítulo. Em J. Lau(Ed.), Information literacy: International perspectives, Vol. 131, 1726 Munique: K.G. Saur, IFLA

Cooper, L. (2002). Um estudo de caso do comportamento de procura de informação em crianças de 7 anos numa situação semiestruturada. *Journal of the American Society for Information Science and Technology, 53*(11), 904 - 922.

Davis, F. (1989). Perceived usefulness, perceived ease of use, and user acceptance of information technology. *MIS Quarterly, 13(3),* 318-340.

Davis, F. D, Bagozzi, R. P., & Warshaw, P. R. (1989). User acceptance of computer technology: A comparison of two theoretical models. *Management Science, 35*(8), 982-1003.

Dervin, B. (1983). *An overview of sense-making research: Concepts, methods, and results to date.* Seattle: Escola de Comunicação da Universidade de Washington.

EdSource. (1999). *Os colegas, os pais e as escolas: como afectam o desempenho dos alunos.* Recuperado em 02 de março de 2005, de
http: //www.edsource.org/pub_edfct_peers. cfm

Dillon, A., & Morris, M. (1996). User acceptance of new information technology - theories and models. Em M. Williams (ed.) *Annual Review of Information Science and Technology, 31,* (pp. 3-32). Medford, NJ: Information Today.

Dutton, W., Kovaric, P., & Steinfield, C. (1985). Computing in the home: Um paradigma de investigação. *Computers and the Social Sciences, 1(*1), 5-18

Eisenberg, M. (2003). Implementação de competências de informação: Lessons learned from Big6 approach to information problem-solving. *Biblioteca Escolar do Canadá, 22*(4), 2023.

Eisenberg, M., & Berkowitz, R. (1990). *Information problem-solving: The Big Six skills approach to library and information skills instruction.* Norwood, NJ: Ablex.

Engel, J. F., Blackwell, R. D., & Miniard, P. W. (1995). *Consumer behavior.* Fort Worth: Dryden Press.

França, M. (1990). Rumo ao futuro: Career education for the secondary school. *Guidance and Counselling, 6,* 14-24.

Gilster, P., & Glister, P. (1997). *Literacia digital.* Nova Iorque: Wiley Computer Pub.

Gurian, M., & Ballew, A. (2003). *Os rapazes e as raparigas aprendem de forma diferente: Guia de ação para professores.* São Francisco, CA: John Wiley & Sons.

Harren, V. (1979). A model of career decision-making for college students. *Journal of Vocational Behaviour, 14,* 119-133.

Hess, R., & McDevitt, T. (1984). Some cognitive consequences of maternal intervention techniques: Um estudo longitudinal. *Child Development, 55,* 2017-2030.

Hultgren, F., & Limberg, L. (2003). Um estudo da investigação sobre o comportamento de informação das crianças num contexto escolar. *New Review of Information Behaviour Research, 4*(1), 1-15.

Johnston, R., & Viadero, D. (2000). Promessa não cumprida: Raising minority realização. *Semana da Educação, 19(27* 1-23.

Julien, H. (1999). Barriers to adolescents' information seeking for career decision making. *Journal of the American Society for Information Science, 50(1),* 38-48.

Kelly, G. (1963). *A theory of personality: the psychology of personal constructs.* Nova Iorque, NY: W.W. Norton.

Kuhlthau, C. (1993) *Seeking meaning: A process approach to library and information services.* Norwood, NJ: Ablex.

Lee, J. (1998). State policy correlates of the achievement gap among racial and social groups. *Studies in Educational Evaluation, 24*(2), 137-152.

Lopez, O. (1995). O efeito da relação entre a diversidade dos alunos na sala de aula e a capacidade dos professores no desempenho dos alunos. *The Strategic Management of the Classroom Learning Enterprise Research Series.* Obtido em 23 de fevereiro de 2005, da base de dados ERIC.

Malhotra, Y., & Galletta, D. F. (1999, janeiro). Extending the technology acceptance model to account for social influence: Theoretical bases and empirical validation. Trigésima segunda Conferência Internacional do Hawaii sobre Ciências do Sistema (HICSS). Maui, Hawaii.

Mancall, J., Aaron, S., & Walker, S. (1986). Educar os alunos para pensar: O papel do programa de media da biblioteca escolar. *School Library Media Quarterly, 15(1)*, 18-27.

Matsumura, L. (2003). *As tarefas dos professores e o trabalho dos alunos: Opening a window on classroom practice.* Los Angeles, CA: Universidade da Califórnia.

Minishi-Majanja, M. K., & Kiplang'at, J. (2005). The diffusion of innovations theory as a theoretical framework in library and information science research. *South African Journal of Libraries and Information Science, 71*(3), 211-224.

Ministério da Educação - Nova Zelândia. (1993). *A Estrutura Curricular da Nova Zelândia.* Obtido em 01 de março de 2005, de
http: //www.tki.org. nz/r/governance/nzcf/index e. php

Fórum Nacional sobre Literacia da Informação. (2011). O que é a literacia da informação? Retrieved fromhttp://infolit.org/about-the-national-forum/what-is-the-nfil/.National

Pikkarainen, T., Pikkarainen, K., Karjaluoto, H., & Pahnila, S. (2004). Consumer acceptance of online banking: an extension of the technology acceptance model. *Internet Research, 14*(3), 224-235.

Task Force on Minority High Achievement. (1999). *Reaching the top: A report of the National Task Force on minority high achievement.* Nova Iorque: The College Board. Recuperado em 2 de março de 2005, de
http://www.collegeboard.com/repository/reachingthe_3952.pdf

Pears, K., & Moses, L. (2003). Demographics, parenting, and theory of mind in preschool children. *Social Development, 12*(1), 1-20.

Rademacher, J. (2000). Envolver os alunos na avaliação das tarefas. *Intervention in*

School and Clinic, 35(3), 151-156.

Rademacher, J., Deshler, D., Schumaker, J., & Lenz, B. K. (1998). *The quality assignment routine.* Lawrence, KS: Edge Enterprises.

Reynolds, K., et al. (1996) *Young people's reading at the end of the century.* Londres: Book Trust.

Rogers, E. M. (2003). *Diffusion of innovations.* Nova Iorque; Londres: Free Press.

Rogers, E.M., Scott, K.L. (1997). The diffusion of Innovations Model and Outreach from the National Network of Libraries of Medicine to Native American Communities (A difusão do modelo de inovações e divulgação da Rede Nacional de Bibliotecas de Medicina para as comunidades indígenas americanas). Projeto de documento preparado para a Rede Nacional de Bibliotecas de Medicina, Região Noroeste do Pacífico, Seattle, EUA

Saracevic, T. (1996). Modelação da interação na recuperação de informação (RI): A review and proposal. *Actas da Sociedade Americana para a Ciência da Informação, 33,* 3-9.

Shih, C., Venkatesh, A. (2003). *Um estudo comparativo da adoção e utilização de computadores domésticos em três países: EUA, Suécia e Índia.* Centre for Research on Information Technology and Organizations, Obtido em 01 de agosto de 2006, de www.crito.uci.edu/noah/paper/MISPaperforWeb.pdf

Steinberg, L. (1999). Os colegas, os pais e a escola: Como afectam o desempenho dos alunos. EdSource Online. Obtido em 17 de fevereiro de 2003, de http: //www.edsource.org/pub_edfct_peers. cfm

Sturm, B. (2003). The information and reading preferences of North Carolina children (As preferências de informação e leitura das crianças da Carolina do Norte). *School Library Media Research, 6.* Obtido em 20 de fevereiro de 2005, em http://www.ala.org/ala/aasl/aaslpubsandjournals/slmrb/slmrcontents/volume62003/r eadingpreferences.htm

Surry, D.W. & Farquhar, J. D. (1997, maio). Diffusion theory and instructional technology. *Journal of Instructional Science and Technology (2)* 1, Retrieved August 01, 2006, fromhttp: //www.usq.edu.au/electpub/e-jist/docs/old/vol2no_1

/article2 .htm

Taylor, R. S. (1991). Information use environments. Em B. Dervin & M.J. Voigt (Eds.), Progress in communication science (Vol. 10, pp. 217-254). Norwood, NJ: Ablex Publishing.

Thomas, J., & Stockton, C. (2003). Estatuto socioeconómico, raça, género e retenção: Impact on student achievement. *Essays in Education, 7.* Retrieved March 01, 2005, fromhttp://www.usca.edu/essays/vol72003/stockton.pdf

Todd, R. (1998). From net surfers to net seekers: WWW, literacias críticas e resultados da aprendizagem. *Teacher Librarian, 26* (2), 16-21.

Wilson, T. D. (1994). Information needs and uses: fifty years of progress. *Fifty years of information progress: a Journal of Documentation review,* 15-51.

Wolf, S., Brush, T., & Saye, J. (2003). As Seis Grandes Competências de Informação como um andaime metacognitivo: Um estudo de caso. *School Library Media Research, 6.* Obtido em 21 de fevereiro de 2005, de http://www.ala.org/ala/aasl/aaslpubsandjournals/slmrb/slmrcontents/volume62003/ bigsixinformation.htm

Printed by Books on Demand GmbH, Norderstedt / Germany